002

001

002

004

003

005

006

007

008

009

010

011

012

013

014

015

016

017

018

019

020

021

022

023

024

025

026

051

052

053

054

055

056

057

058

059

060

061

062

063

064

065

066

067

068

069

070

071

072

073

074

075

076

077

078

079

080

081

082

083

084

085

086

087

088

089

090

091

092

093
094 
095 
096 
097 
098 
099 
100 
101
102 
103 
104
105 
106 
107
108 
109 
110 
111 
112 
113 
114 
115 
116

117

118

119

120

121

122

123

124

125

126

127

128

129

130

131

132

133

134

135

136

137

138

139

140

141

142
143
144
145
146
147
148
149
150
151
152
153
154
155
156
157
158
159
160
161
162
163
164
164
165
166
167
168
169
170
171
172
173
174
175

176 177 178 180 183 184 179 181 182 186 187 188 185 189 190 191 192 194 195 193 196 197 199 198 200

201

203

205

204

206

202

207

209

208

210

211

212

213

214

217

216

215

218

220

219

221

222

225

223

224

226

227

228

229

230

231

232

233

234

235

236

237

238

239

240

241

242

243

244

245

246

247

248

249

250

251

252

253

254

255

256

257

258

259

260

261

262

263

264

265

266

267

268

269

270

271

272

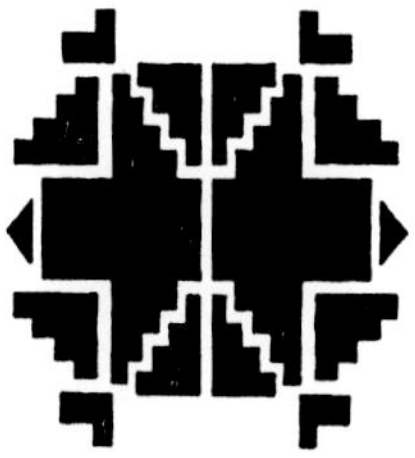

273

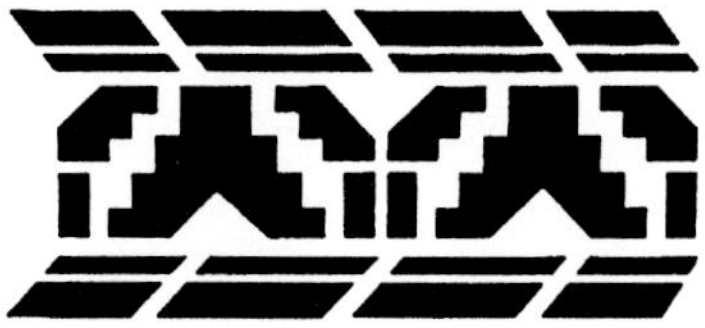

274

275

276

277

278

279

280

281

282

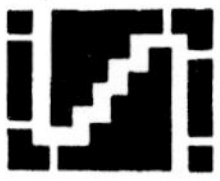

283

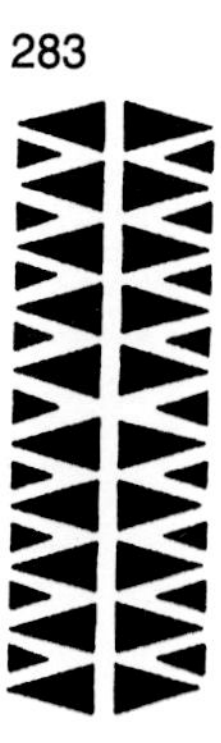

284

285

311

312

313

314

315

316

317

318

319

320

321

322

323

324

325

326

327

328

329

330

331

332

333

334

335   Egyptian   13

336

337

338

339

342

341

341

343

340

344

346

347

348

345

349

350

351

352

353

355

354

356

357

358

359

360

366

361

362

363

367

369

370

365

364

368

371

372

373

374

375

376

377

378

379

NOEL

380

381

382

383

384

385

386

387 388 389 390 391 392 393 394 395 396 397 398 399 400 401 402 403 404 405 406 407 408 409 410 411 412 413 414 415 416 417 418

419

420

421

422

423

424

425

426

427

428

429

430

431

432

433

434

435

436

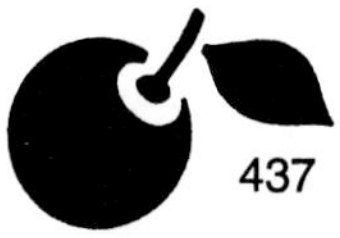

437

438

439

440

441

442

443

444

445

446

447

448

449
451
450
452
453
455
457
456
454
461
462
459
458
460
468
470
465
464
466
467
469
471
463
472
473
474
475
476
477
478
479
480
481
482
483

484

485

486

487

488

489

490

491

492

493

494

495

496

497

498

499

500

501

502

503

504

505

506

507

508

509

510

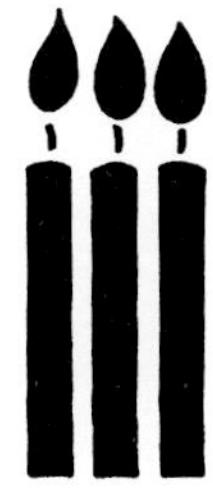

511

512

513

514

515

516

517 518 519

520

521 522 523 524 525 526

527 528 529 530

533 534 535

531 532 536 537

538

539 540 541 542

543 544 545

546

547

548

549

550

551

552

553

554

555

556

557

558

559

560

561

562

563

564

565

566

567

568

569

570

571

572

573

574

576

577

578

579

580

581

582

583

584

585

586

587

588

589

590

591

592

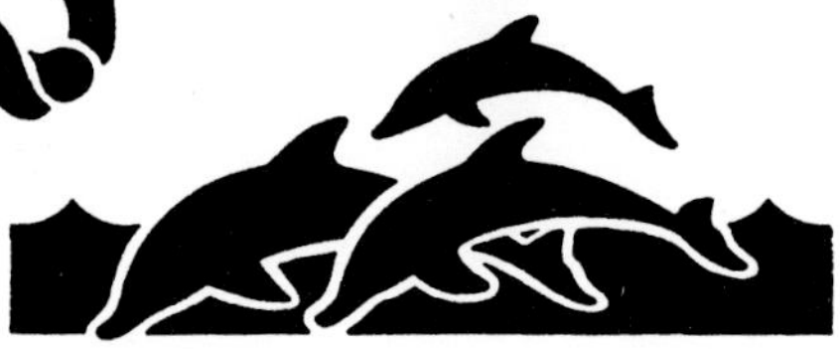

593

594

595

596

597

598

599

600

601

602

603

604

605

606
607
608
609
610
611
612
613
614
615
616
617
618
619
620
621
622
623
624
625
626
627
628
629
630
631
632
633
634
635
636
637
638
639
640
641
642

643

644

645

646

647

648

649

650

651

652

653

654

655

656

657

658

659

660

661

662

663

664

665

666

667

668

669

670

671

672

673

674

675

676

677

678

679

680

681 682 683 684 685 687

688 689 690 691 692 686 696 698 697 708

693 694 695 702 706 699 700 701 703 705 707 709 716

710 711 712 713 714 715 717

718
719
720
721
722
723
724
725
726
727
728
729
730
731
732
733
734
735
736
737
738
739
740
741
742
743
744
745
746
747

748

751

754

749

750

752

753

757

759

755

756

758

760

761

762   763

764

765

767

768

769

770

766

775

771

772

773

774

776

777

778

779
781
782
780
783
786
785
784
788
790
792
787
789
791
797
793
794
795
796
799
798
800
801
802
803
804
805
806
807

Children's Storybook Characters

808

809

810

811

812

813

814

815

816

817

818

819

820

821

822

823

824

825

826

827

828

829

830

831

832

833

834

835

836

837

839

838

840

841

842

843

844

845

846

847

848

849

850

851

852

853

854

855

856

857

858

859

860

861

862

863

864

865

866

867

868

869

870

871

872

873

874

875

876

877

878

879

880

881

882
883
884
885
886
887
888
889
890
891
892
893
894
895
896
897
898
899
900
901
902